Lb 54 1544

ENTRETIENS SOCIALISTES

ET DÉMOCRATIQUES

SUR LES PRÉTENDANTS ET LA PROCHAINE PRÉSIDENCE

EUGÈNE SUE

(Extrait du Berger de Kravan)

PRIX : **15** CENTIMES.

PARIS
LIBRAIRIE SOCIÉTAIRE
QUAI VOLTAIRE, 25, ET RUE DE BEAUNE, 2

1848

LE
BERGER DE KRAVAN.

Ce que c'est au vrai que la RÉGENCE *et* LOUIS-NAPOLÉON. — *Comment et pourquoi le père Mathurin prouve évidemment et par des faits que* HENRI V *n'aime ni la liberté, ni le peuple.* — *— Comme quoi il est impossible de n'être pas de l'avis du père Mathurin.* — *Comment il est bon qu'on s'entende sur le choix du* PRÉSIDENT DE LA RÉPUBLIQUE.

— Puisque nous parlons de prétendants, — s'écria le vieux berger, — moi je me charge d'HENRI V, et pour cause. J'en sais de belles sur son compte, allez, mes amis...

— Toi, vieux Mathurin? — dit maître Charlie. — Et que diable sais-tu?

— Je sais ce que vous savez aussi, maître Charlie, et vous aussi, père Antoine, et vous aussi, Madeleine. Ce qu'un chacun sait enfin!

— Et que savons-nous donc sur *Henri V,* — lui dirent-ils, — père Mathurin?

— Tout à l'heure je m'expliquerai, — reprit le vieux berger. — Je garde ce *Bourbon* pour la bonne bouche.

— Soit, père Mathurin, — lui dis-je. — Et maintenant examinons comment et pourquoi

1

sous la *régence, Louis-Napoléon* ou *Henri V,
Jacques Bonhomme* SERAIT PLUS HEUREUX que
sous la République.

— Oui... voyons un peu ça, — dit maître
Charlie. — Et m'est avis que la chose est si
grosse et si claire, qu'il n'est point besoin de
lunettes pour la voir...

— Et d'abord, mes amis, — repris-je, — de
deux choses l'une : ou les partisans des gens
dont nous parlons sont nombreux, ou ils ne le
sont pas? S'ils ne sont pas nombreux, leurs
projets n'ont pas le sens commun... et ne peuvent réussir. Si au contraire leurs partisans
sont nombreux, celui qui l'emporterait, soit
Henri V, soit *Louis-Napoléon,* soit le *régent,*
aurait aussitôt pour ennemis les nombreux
partisans des deux autres prétendants. Ces partisans, joints aux républicains (et il y en a fièrement, Dieu merci!), renverseraient le nouveau trône en un clin d'œil. Car, du moment où
la République, maintenant reconnue, établie
par le suffrage universel, serait attaquée par
un parti quelconque, nous serions en pleine et
légitime révolution, en pleine guerre civile; et
il ne nous resterait qu'à prendre le fusil pour
défendre notre souveraineté, *la souveraineté du
peuple.* Ainsi, mes amis, élever un nouveau
trône, ce serait amener la guerre civile. Et pour

renverser immanquablement ce trône, ce serait
encore la guerre civile! Alors que de sang versé!
que de désastres nouveaux! que de misères
nouvelles! Et pourquoi? Car, en fin de compte,
on en reviendrait toujours forcément à la République, vu que depuis dix-huit cents ans *Jacques Bonhomme* souffre, patiente, et que l'heure
de sa délivrance a sonné. Ainsi à quoi bon ces
deux ou trois années de déchirements affreux?
Pour qui? Pour quoi? Serait-ce pour la *régence?* Voyons, qu'est-ce que la régence? Et
ici, mes amis, nous devons parler avec com-
passion; il s'agit d'une veuve et de son enfant,
de madame la *duchesse d'Orléans* et de son
fils. Elle était, un chacun le dit, avenante et
bienfaisante; souvent, assure-t-on, avant la
chute de *Louis-Philippe*, la pauvre femme a
pleuré, amèrement pleuré en embrassant son
fils; car, dans son bon sens de mère éprouvée
par de cruels chagrins, elle jugeait avec sa-
gesse la conduite insensée du vieux roi, et
pressentant la révolution, elle pensait bien
que jamais son fils ne régnerait en France,
puisque le temps des rois s'en allait finissant!
Sans doute, madame la duchesse d'Orléans est
une mère tendre, sage, éclairée; mais supposez-
la régente avec un fils de sept ans! Que pourra-
t-elle? Ses intentions fussent-elles les meilleures

du monde, encore une fois que pourrait-elle ? Rien, rien. Qui gouvernerait la France ? Les anciens ministres de Louis-Philippe, leur parti, ou peu s'en faut. Or, vous savez, mes amis, ce qu'ils avaient fait de la France, car dix-huit mois avant la révolution le commerce allait de mal en pis, la gêne et la corruption étaient partout, la misère presque partout : tel est l'héritage qu'ils ont laissé à la République, et c'est maintenant la République qu'ils accusent de cette misère.

« Mais, — vous dira-t-on, — la régence accor» dera au peuple tous les droits que la Répu» blique lui accorde ? »

— Alors, — dit le vieux berger, — pourquoi quitter la République pour la régence en passant par la guerre civile ? Et puis, comme je le disais tout à l'heure, cet amour des partisans de la régence pour *Jacques Bonhomme* leur pousse trop tard pour être bien sincère.

— Vous avez raison, père Mathurin, mais vous dira-t-on encore :

« La *régence* vous donnera de plus, le re» pos, la confiance, la sécurité : alors les af» faires reprendront et la misère cessera. »

— Mais (en admettant qu'il reste encore des affaires à faire après les malheurs d'une guerre civile) d'où naîtra donc cette sécurité ?

« Elle naîtra de ce que le comte de Paris
» deviendra roi un jour, dans dix ans! »

— *Dans dix ans!* De bonne foi, quel gage
de sécurité est-ce là? Et d'ailleurs fût-il *roi*
demain, aujourd'hui, encore une fois est-ce
que les rois empêchent les révolutions? Au
contraire, forcément, eux ou leur entourage les
provoquent, les amènent toujours, ces révolutions! depuis que le peuple a pour jamais re-
conquis ses droits et qu'il veut se gouverner
lui-même. Est-ce que Louis XVI a empêché la
révolution qui l'a détrôné et décapité? Est-ce
que l'empereur a empêché la révolution et
l'invasion qui, deux fois, l'ont détrôné? Est-ce
que Charles X a empêché la révolution qui l'a
détrôné? Est-ce que Louis-Philippe a empêché
la révolution qui l'a détrôné? Est-ce qu'à l'heure
qu'il est l'Europe entière n'est pas en pleine
révolution, occupée à démolir ses trônes, parce
que, encore une fois, *le temps des rois est
passé?* Ainsi donc, vous le voyez, mes amis,
faut-il jeter la France dans de nouvelles révolutions, pourquoi? pour une régence contre
laquelle *napoléonistes, royalistes* et *républicains,* s'ils étaient vaincus d'abord, conspire-
raient le lendemain du jour où elle serait proclamée. Et comme, après tout, non-seulement
en France, mais, vous le voyez, dans l'Europe

entière tous les peuples tendent à la République, nous reviendrions où nous sommes aujourd'hui, avec d'incalculables malheurs, de plus.

— Il me paraît évident, — reprit maître Charlie, — que tôt ou tard il faut en arriver à la République; nous y sommes peut-être arrivés trop tôt, mais enfin nous l'avons, gardons-la.

— Sinon, — ajouta le père Antoine, — ça sera encore sur le dos de Jacques Bonhomme qu'on se battra?

— Maintenant, mes amis, viendra-t-on vous parler de *Louis-Napoléon!* Voyons, qu'est-ce que Louis-Napoléon? C'est *le neveu de l'empereur*. Voilà son véritable, son seul titre; car, par lui-même, qu'est-ce que c'est que *Louis-Napoléon?* Qu'a-t-il fait pour le peuple, pour la France? Deux fois il a conspiré contre Louis-Philippe, pour se mettre à sa place; et il fallait qu'il fût bien peu tentant, ce neveu de l'empereur, pour que l'on ait encore préféré garder Louis-Philippe : c'était peu flatteur pour Louis-Napoléon. Aussi en a-t-il été pour ses frais de conspiration. Un capitaine lui a mis la main sur le collet, et tout a été dit. Le peuple ne s'en est pas ému le moins du monde. Pourquoi cela? Parce qu'il savait que Louis-Napoléon se moquait de *Jacques Bonhomme,* et qu'il n'ambi-

tionnait qu'une chose, une couronne. Or, le
peuple n'aime pas ces ambitieux-là; et puis
d'ailleurs, tenez, mes amis, le neveu de l'empereur a fait, assure-t-on, une chose vilaine et
mauvaise : depuis qu'il s'était sauvé de prison,
il habitait l'Angleterre, le pays des bourreaux
de l'empereur ; un jour, le peuple anglais,
poussé à bout par la misère, a voulu essayer,
lui aussi, de se révolter. Qu'a fait Louis-Napoléon? Il s'est enrôlé volontairement parmi les
gens de police, qui tapaient sur le peuple à
coups de bâton, et il a tapé ni plus ni moins
qu'un homme de police sur ces pauvres gens
que la faim poussait à l'insurrection. Ce que je
vous dis là, vingt journaux l'ont dit et redit
mille fois; le fait n'a pas été démenti : il est
donc vrai. Or, est-ce là une manière de prouver
qu'on aime le peuple?

— Non, certes; et pourtant, — reprit maître
Charlie, — Louis-Napoléon a été nommé dans
cinq ou six départements représentant du peuple, et à Paris aussi.

— Parce qu'il est *le neveu de l'empereur*,
maître Charlie, et que le souvenir de Napoléon
est encore vivant en France. On se laisse éblouir
par l'éclat de la fausse gloire, et l'on oublie les
maux affreux que l'empire nous a causés : tout
ce qui est militaire, tout ce qui tient de près ou

de loin à ce qui est ou a été militaire, ne jure
que par l'empereur! C'est tout simple : sous
lui tout était sacrifié au militaire; le bourgeois,
le laboureur, l'ouvrier, tout devait s'incliner devant le sabre et la moustache! Est-ce pour en
revenir à ce beau temps de liberté-là que nous
prendrions Louis-Napoléon pour empereur?
Non, non, Dieu merci! le temps des sabreurs
et des batailleurs est passé ; il n'y a plus pour
nous qu'une guerre possible, la guerre sainte,
la guerre républicaine, la guerre que ferait la
France pour repousser l'étranger de ses fron-
tières ou pour courir à l'aide d'une nation amie
frappée dans sa liberté et qui nous crierait : —
Au secours! Mais la guerre pour la guerre, la
guerre pour la conquête, la guerre pour l'ambition et la gloriole de quelques-uns! non, non,
ces temps-là ne reviendront plus! *Jacques Bonhomme*, si besoin était, se remettrait encore à
chasser rudement au cosaque, comme faisait le
père Mathurin; mais Jacques Bonhomme aime
mieux labourer, provigner en paix et voir gran-
dir ses enfants au coin de son foyer, au lieu de
l'envoyer se faire tuer pour gagner des épau-
lettes aux officiers et aux généraux. Ainsi, *être
le neveu de son oncle*, voilà donc le vrai titre de
Louis-Napoléon à être notre empereur. Voilà-
t-il pas encore une belle garantie de sécurité

pour l'avenir! Comment! lorsque l'oncle de ce prétendant, le grand empereur, malgré son génie, malgré sa gloire, malgré son armée, qui se serait fait hacher pour lui; comment, lorsque Napoléon-le-Grand s'est laissé deux fois tomber du trône... Louis-Napoléon, qui est à l'empereur ce qu'un nain est à un géant, résisterait là où son oncle est tombé! Voyons, mes amis, franchement, ne serait-ce pas fou de courir les chances d'une guerre civile à cette belle fin d'avoir Louis-Napoléon pour empereur au lieu de rester en République!

— A dire vrai, — reprit maître Charlie, — ça n'en vaut pas la peine. De nos jours il ne suffit plus, comme on dit, d'être *le fils de son père* pour être honoré si l'on n'est point honorable; et il suffirait d'être *le neveu de son oncle* pour être empereur des Français! C'est aussi par trop se moquer de Jacques Bonhomme!

— Reste donc, — repris-je, — *Henri V,* ses lis et son drapeau blanc; *Henri V, le fils du miracle, l'élu du Seigneur, le représentant du droit divin,* ainsi que les prêtres et les royalistes appellent ce jeune homme qui communie, se confesse, dit-on, dévotement, et baise respectueusement la patène... Soit; voilà son premier titre à la couronne qu'il rêve. Voyons les autres: ce jeune homme est aussi *le neveu de son oncle,* lui! ni plus ni moins que Louis-Napoléon est le neveu de l'empereur. Seulement, l'oncle de Henri V était le *duc d'Angoulême,* sous le règne duquel nous devions avoir le bonheur de vivre. Soit, encore. Voici le second titre de ce jeune homme : il est *le neveu de feu le duc d'Angoulême,* autre grand baiseur de patène et porteur de cierges, celui-là ; mais grand homme, je ne crois point. Quels sont les autres titres d'*Henri V?* Il est *fils de sa race.* Tant pis, mes amis, tant pis ; car l'on sait tout le mal que cette race maudite a fait à la France : *la guerre étrangère, la guerre civile, les massacres, les échafauds, la sainte-alliance, la domination du clergé, le milliard des émigrés pris sur le pain du peuple,* tels sont les derniers souvenirs que la race des Bourbons nous a laissés ! Mais, vous dira-t-on, Henri V est bien fils de sa race, si vous voulez ; car c'est là son plus beau titre. Cependant, d'un autre côté, il n'en est pas du tout de sa race, tant il aime la France, le peuple et la liberté.

— Halte-là ! — dit le vieux berger ; — je m'en vas vous prouver, moi, mes amis, que ce gars-là n'aime ni le peuple ni la liberté, et qu'il n'aime pas davantage l'odeur de la poudre à canon, ou, s'il l'aime, par ma foi ! il a du malheur, car il agit comme s'il ne l'aimait point...

Mais, là, point du tout, du tout, l'odeur de la poudre à canon !

— Comment cela, père Mathurin ?

— Je dis d'abord que *Henri V* n'aime point du tout le peuple, et je le prouve, — reprit le vieux berger. — Vous connaissez tous, n'est-ce pas, le domaine de *Chambord ?* C'est à six lieues de chez nous. Il y a là douze mille arpents de beaux bois, de belles et bonnes terres, et un château abandonné.

—Oui, un chacun sait cela,—dit maître Charlie.—Mais où veux-tu en venir, vieux Mathurin ?

— Vous allez le voir, maître Charlie, — reprit le vieux berger. — Ce n'est pas d'hier que les nobles et les curés parlent de leur *Henri V;* il y a tantôt deux ans, le propriétaire de la métairie de votre oncle, maître Charlie, un certain baron, nous disait parfois, comme tout malin qui vante sa marchandise :

— « Ah ! bonnes gens, bonnes gens ! si » Henri V était roi, il serait le père du peuple ; » car, figurez-vous qu'il ne pense qu'au pauvre » peuple, qu'il ne rêve qu'au bonheur du pau- » vre peuple. Ah ! bonnes gens ! si *Henri V* était » roi, vous verriez, vous verriez...

— »Mais, monsieur le baron,—que j'ai un jour » répondu à ce malicieux homme, — vous nous » dites que, si Henri V était roi, nous verrions ?

— » Oh! oui, certes, bonnes gens..... vous
» verriez!

— » Pourtant, monsieur le baron, depuis tantôt
» cinq ou six ans qu'il a l'âge de raison, *Henri V*
» *est* ROI; et, par ma foi! nous n'avons rien vu.

— » Comment cela, Bonhomme? Henri V
» est roi?

— » Oui, bien, monsieur le baron, il est roi, et
» en France encore! et, je vous le disais, nous
» ne voyons rien, mais rien du tout, du tout!

— » Henri V, roi en France!... sous le règne
» de Louis-Philippe! Allons, allons, vous rêvez,
» Bonhomme... Retournez à vos moutons.

— » Oh! que nenni, monsieur le baron; je ne
» rêve point. Tenez, n'est-ce pas un petit royau-
» me que le domaine de CHAMBORD? Et ce petit
» royaume, n'est-ce pas cette France, que votre
» Henri V dit tant aimer, qui lui en a fait ca-
» deau? Or, de son Chambord, Henri V n'a-t-il
» pas toujours été propriétaire et maître? et
» maître cent fois plus absolu que *Louis-Phi-*
» *lippe* ne l'était de la France? *Henri V* ne se
» nomme-t-il point même LE COMTE DE CHAM-
» BORD? Eh bien! monsieur le baron, qui donc
» l'empêchait, votre Henri V, de faire en petit
» dans *sa comté de Chambord* tout ce bien dont il
» prétend un jour combler le pauvre peuple?
» Pourquoi ne nous a-t-il point au moins donné

» là un petit échantillon de ce bonheur qu'il
» nous réserve, dites-vous, tout au fin fond de
» son bon cœur de prince? Seulement, comme
» à ce *fin fond* de cœur de prince le diable ne
» saurait voir goutte, pourquoi votre *Henri V*
» ne met-il point au grand soleil, en belles et
» bonnes actions, ses mignonnes tendresses
» pour ce pauvre peuple qu'il dit tant aimer?
» Il y a pourtant, Dieu merci, de quoi faire, dans
» les douze mille arpents de *Chambord,* et sans
» grande dépense encore. Tenez, monsieur le
» baron, je ne suis qu'un pauvre vieux berger;
» mais, foi d'homme! si j'avais été Henri V, et
» affolé de l'idée de régner un jour en France,
» savez-vous comment je m'y serais pris, moi?
» Tout exilé que j'aurais été, *Chambord* serait,
» par mes ordres, devenu un vrai paradis terres-
» tre; j'aurais établi là-dedans comme qui dirait
» une belle manufacture modèle, d'où seraient
» sortis, grâce à moi, les plus sages, les plus
» heureux, les meilleurs ouvriers de France;
» j'aurais encore établi à Chambord une *ferme
» école*, afin que ses belles cultures et l'élève de
» ses magnifiques troupeaux fissent l'admiration
» et l'enseignement de toute la contrée; au lieu
» d'abandonner le château aux hiboux, j'aurais,
» par ma foi! logé dans ces immenses bâtiments
» toute ma petite colonie de travailleurs; les

» infirmes, les vieillards y auraient trouvé
» leurs invalides ; les enfants, une école ; les
» malades, un hospice ; les vastes communs du
» château seraient devenus de superbes ber-
» geries, écuries et vacheries ; enfin, dans *cette*
» *comté de* CHAMBORD, monsieur le baron, tout
» aurait été bonheur, contentement, travail ; de
» toutes parts on serait venu visiter ce paradis ;
» et les bonnes gens de se dire : — Las, mon Dieu !
» quoique ça serait donc, en France, si Henri V
» était notre roi, puisque, tout exilé qu'il est,
» il fait de loin tant de bien au pauvre monde
» dans ses domaines ? Voire, c'est grand dom-
» mage que la France ne soit point à Henri V,
» comme l'est sa *comté de Chambord ;* car,
» grâce à ce bon prince, il en serait *itou* pour
» notre bonheur à tous ; aussi, ma fine, tant pis
» pour Louis-Philippe ; foin des gendarmes !
» VIVE HENRI V *et sa comté de Chambord !* »

— Et je l'aurais crié de toutes mes forces,
Vive Henri V ! — dit Madeleine.

— Et moi aussi, — dit le père Antoine.

— Votre idée était excellente, — dis-je au
vieux berger. — Oui, c'était là une noble, une
généreuse manière de conspirer à ciel ouvert ;
à l'applaudissement des honnêtes gens de tous
les partis, c'était donner à l'avenir le passé
pour gage ; et lors même (je crois qu'il en

eût été ainsi, car le temps des rois est passé),
et lors même que cette *conspiration par le bonheur* n'aurait pas abouti à une couronne, beaucoup de bien aurait été fait : le nom de ce jeune
homme eût été béni, sa conduite admirée de
tous, et aujourd'hui la République l'eût rappelé
de l'exil comme l'un de ses meilleurs citoyens.
Mais que vous a répondu le baron, père Mathurin ?

— Il m'a répondu :

« — Bonhomme, vous n'y entendez rien de
» rien, vous êtes bête comme une oie.

» — Je vous crois, monsieur le baron, en
» bêtise vous devez vous y mieux connaître
» qu'un *pauvre d'esprit* comme moi ; mais
» encore faut-il, en bon chrétien, monsieur le
» baron, m'apprendre, pour mon petit ensei-
» gnement, en quoi je sommes si bête ?

» — D'abord, Bonhomme, *Henri V*, Dieu
» merci, n'a pas à faire ses preuves et à mé-
» riter sa couronne; le trône est à lui, il pré-
» tend et veut l'occuper, c'est son droit. Et ce
» droit est divin, entendez-vous, Bonhomme...
» DIVIN...

» — Oh ! alors, c'est différent, monsieur le
» baron, puisqu'il tient son droit du bon Dieu,
» le bon Dieu peut ce qu'il veut, qu'il fasse
» donc régner Henri V, et tout de suite...

» — Tout de suite... tout de suite? — me ré-
» pondit le baron, avec une grimace de *renard*
» *trouvant les raisins trop verts.* — Tout de
» suite, non, certainement! il sera roi quand
» il le jugera bon, à son jour et à son heure;
» et puis vous croyez donc, Bonhomme, que
» *Henri V* a de l'argent à remuer à la pelle,
» pour faire ainsi un paradis à *Chambord?*

» — Monsieur le baron, je connais le pays,
» avec cinquante mille francs par an, joints au
» revenu de *Chambord,* qu'aurait encore aug-
» menté le bon travail de la colonie, votre
» prince pouvait établir là son paradis...

» — Et n'est-ce donc rien, Bonhomme, que
» cinquante mille francs? Henri V n'a-t-il donc
» pas à tenir à l'étranger son rang de prince,
» de roi?

» — M'est avis qu'il doit d'abord tenir son
» rang en France, par le bien qu'il peut et doit
» faire, s'il songe à y régner, monsieur le ba-
» ron; mais soit, Henri V a besoin de ces cin-
» quante mille francs et du revenu de sa comté
» pour faire le prince, le roi, à l'étranger,
» comme vous dites, au lieu de se faire aimer et
» bénir en France, à la bonne heure; mais
» vous, monsieur le baron, mais ses partisans,
» vous tous, plus riches les uns que les autres!
» (puisque, grâce au MILLIARD que *Jacques Bon-*

» *homme* a payé aux émigrés, la noblesse pos-
» sède encore la moitié de la France) ne pouvez-
» vous donc point boursicoter entre vous une
» centaine de mille livres, bon an, mal an,
» pour faire adorer votre prince et triompher
» votre parti?

» — Certes, Bonhomme, nous sacrifierions,
» et de grand cœur, notre argent, notre vie à
» notre cause et à notre roi ; mais est-ce que
» vous croyez par hasard que Louis-Philippe
» laisserait faire ainsi, à son nez, à sa barbe,
» tant de bien à Chambord au nom de Henri V?
» Allez, allez, vous êtes fou, Bonhomme!

» — Voire, monsieur le baron, il n'est point
» de loi, j'imagine, qui défende à un absent de
» faire du bien au pauvre monde? d'établir
» dans son domaine une manufacture modèle,
» une ferme-école, et autres belles et bonnes
» fondations utiles au pays? Mais, bon, j'ad-
» mets des difficultés de la part du gouver-
» nement de Louis-Philippe au vis-à-vis de
» Henri V; votre prince ne pouvait-il donc point
» paraître vous vendre à vous, monsieur le
» baron, je suppose, le domaine de Chambord?
» Et que le diable nous emporte tous les deux
» si on avait le droit et le pouvoir de vous em-
» pêcher de changer votre domaine en un pa-
» radis (et l'on aurait toujours su qu'au fond

2

» c'était Henri V), car, même sous Louis-Phi-
» lippe, il y avait une justice en France : voulez-
» vous, monsieur le baron, que j'aille plus
» loin? que j'aille jusqu'à l'impossible? Mais
» enfin, supposons que ce paradis de Chambord
» ait été empêché, détruit par la force, toute la
» France aurait su du moins que ce n'était pas
» de la faute d'Henri V s'il ne faisait pas le
» bien qu'il voulait. »

—Et à cela qu'à dit le baron, père Mathurin?

« —Bonhomme, vous êtes encore plus bête
» que je ne croyais, — m'a-t-il dit en me tour-
» nant le dos. —Retournez à vos moutons. »

—Je comprends qu'il devait être très-em-
barrassé de vous répondre, père Mathurin.

—Maintenant, —reprit le vieux berger, —
je viens à ceci: que Henri V n'aime ni la liberté,
ni la poudre à canon; car, par ma foi, s'il est
brave, il agit comme s'il ne l'était point du
tout, mais du tout, et cela je le prouve, comme
je viens de vous prouver, j'espère, que ce gars-
là n'aimait pas le peuple, puisqu'il avait man-
qué une si sainte et si belle occasion de montrer
par des faits qu'il avait bon cœur; mais enfin,
cette bonne occasion perdue, il lui restait du
moins celle de prouver qu'il avait de la bra-
voure et qu'il aimait la liberté, et voici comment,

selon moi, il le pouvait, il le devait prouver :
vous le savez comme moi : il y a trois mois, les
Italiens, pour *reconquérir leur indépendance*, se
sont révoltés contre les Autrichiens, qu'ils ont
d'abord chassés de la Lombardie; mais les Autrichiens, dix fois plus nombreux, bien armés,
bien disciplinés, sont revenus à la charge
contre les Italiens, alors de sanglantes batailles
ont été livrées. Un ROI, le croirait-on (bon
exemple s'il est sincère), le roi de Sardaigne a
marché alors au secours des Italiens pour les
aider à défendre leur liberté! Voyons, maintenant, dites-moi, n'était-ce pas là une superbe
occasion pour *Henri V*, que personne ne connaît en France (que par les fariboles des nobles et des curés), de se faire bravement connaître? Comment cela? me direz-vous. Eh!
mordieu, en s'enrôlant cavalier volontaire sous
le roi CHARLES ALBERT, à cette fin de sabrer
raide et ferme les Autrichiens pour la défense
de la liberté italienne. Henri V aurait du moins
ainsi prouvé qu'il aimait la liberté, qu'il avait,
comme dit le soldat, *du poil aux yeux,* et
qu'enfin c'était un *crâne b.....* Alors, mes amis,
tout vieux républicain que je suis, j'aurais dit
le premier : « Je n'en veux point pour roi de
» ce garçon, mais c'est tout de même un bon
» et brave gars; ça fait plaisir à voir, cette bra-

» voure de jeune homme; » —car, après tout,
ce diable de Français se sent toujours un faible
pour qui bataille dur en faveur de la liberté.
Mais non, rien, rien de rien : Henri V a raté
le *paradis de Chambord*, il a raté le coup
de sabre contre l'Autrichien en faveur de la
liberté. Que diable! il est peut-être bien inten-
tionné, ce garçon; mais il rate toujours... Et,
mordieu! ça ne suffit point pour se faire nommer roi de France... s'il pouvait y avoir encore
des rois; aussi je lui dirais, moi : — «Homme
» que tu es, ne te dérange point pour nous, ne
» prends point cette peine, mon garçon, reste
» en Angleterre à baiser la patène et à te con-
» fesser; mais comme la République est clé-
» mente, parce qu'elle est forte, sois sage, mon
» garçon, renonce à tes visions royales, visions
» cornues et biscornues, et un jour tu vien-
» dras, s'il te plaît, habiter la France en sim-
» ple citoyen; car m'est avis, mes amis, que
» le temps n'est pas loin, où la République
» sera assez puissante pour ne pas redouter
» une douzaine d'ex-princes et d'ex-prétendants
» perdus au milieu de trente millions de ci-
» toyens, SOUVERAINS *par la grâce de* JACQUES
» BONHOMME! » Est-ce point votre avis, monsieur? me dit le vieux berger, et le vôtre aussi,
maître Charlie? et le vôtre aussi, Madeleine?

père Antoine? Allons, mort-Dieu! courage, espoir et confiance... les plus mauvais jours sont passés, de meilleurs approchent, de tout à fait bons ne sont pas loin; les ennemis de la République, voyant qu'ils s'usent les dents à vouloir la mordre, se lasseront, les partis s'effaceront, et avec eux ces haines, ces défiances, ces rancunes qui divisent des hommes, frères après tout, et par ma foi alors un chacun criera, comme le vieux Mathurin, réquisitionnaire de 92 : Vive la République!!!

Entraînés par la verve du vieux berger, nous criâmes tous et de bon cœur: *Vive la République!*

De la *présidence de la République.* — Comment certains *royalistes* TRICOLORES et certains *royalistes* BLANCS espèrent se moquer les uns des autres (et de la France par-dessus le marché) en appuyant la candidature du *citoyen Louis-Napoléon Bonaparte.* — Pourquoi les ennemis de la République veulent pour président le *citoyen Louis-Napoléon Bonaparte.* — Quels sont les titres des *citoyens* RASPAIL, LEDRU-ROLLIN, LAMARTINE, CAVAIGNAC à la présidence de la République. — Opinion de presque tous les journaux de province sur le *citoyen Louis-Napoléon Bonaparte* comme président de la République.

Peu de jours après mon entretien avec le père Mathurin, à qui j'avais envoyé quelques journaux, je le rencontrai assis non loin de son troupeau. Maître *Charlie*, le métayer, causait avec le vieux berger.

— Eh bien, monsieur, — me dit maître Charlie, — nous allons donc avoir à nommer, dans quelques semaines, le président de la République? Vrai Dieu! faut l'avouer, c'est beau! Ça rend fier! d'avoir le droit de choisir celui qui nous gouverne, et de le changer à la fin du bail si le pays n'est pas content!

— Ça ne vaut-il pas mieux, maître Charlie, — dit le vieux berger, — que de subir, bon gré, mal gré, le gouvernement d'un roi ou d'un empereur qu'il faudrait garder bête ou méchant, s'il était né bête ou méchant (et ça s'est vu)? Ce droit d'élection du président, que nous avons tous, moi, pauvre berger, comme votre riche propriétaire, maître Charlie, c'est la République qui nous l'a donné; aussi faut-il en bien et sagement user, n'est-ce pas, monsieur?

— D'un bon ou d'un mauvais choix, — leur dis-je, — dépend, dans cette circonstance, le repos et la prospérité du pays.

— Tenez, monsieur, — reprit maître Charlie, — il y a quelque chose qui m'étonne fort: l'autre samedi, en allant au bourg pour le marché, j'ai vu pas mal de monde, des cultivateurs, des fermiers, des bourgeois, et des *blancs*, comme on dit dans le pays; après le marché, on s'est retrouvé dans le cabaret du *Grand-Paul;* là, comme de juste, on a parlé du président de la République que nous allons choisir.

— Eh bien, maître Charlie, — lui dis-je, — qui a le plus de chances dans le canton ?

— Avant de vous répondre, monsieur, — reprit le métayer, — faut que je vous dise qu'il y a deux jours que mon propriétaire est venu au château, d'où il est reparti aujourd'hui.

« — Maître Charlie, — m'a-t-il dit, — on va
» élire un président de la République ; je suis
» venu ici afin de fixer votre choix. Il faut nom-
» mer *Louis-Napoléon.* J'entends donc que tout
» le monde chez moi, depuis mon régisseur,
» vous, mes fermiers, mes gardes, jusqu'à vos
» garçons de charrue, journaliers ou bergers,
» j'entends que tout mon monde, enfin, vote
» pour *Louis-Napoléon.* »

— Ah ça, un moment ! — s'écria le père Mathurin ; — quoique berger de votre métairie, maître Charlie, je suis libre de voter pour qui bon me semble, et il ne me semble point bon du tout de voter pour *le gars* Louis-Napoléon !

— Attends-donc, vieux Mathurin, — reprit en riant maître Charlie, — tu t'emportes comme une soupe au lait. J'ai donc répondu à mon propriétaire :

— « Soyez tranquille, monsieur, nous vote-
» rons ainsi que vous voudrez. »

— Comment! — dis-je à maître Charlie, —
vous votez ainsi selon le caprice de votre propriétaire!

— Attendez donc aussi un moment, monsieur,
avant de me juger, — me répondit en riant le
fermier; — vous êtes comme le vieux Mathurin,
vous vous pressez trop. Vous verrez la fin... Je
dis donc à mon propriétaire :

« — Soyez tranquille, monsieur; nous vote-
» rons ainsi que vous voudrez. Cependant, vous
» me disiez l'autre jour qu'il n'y aurait de
» bonheur, de repos pour la France que sous
» la *Régence?* et voilà maintenant que vous
» votez, et que vous nous faites voter pour
» Louis-Napoléon!

» —Certainement, mon pauvre Charlie, —
» me répondit mon propriétaire; — que faut-il
» faire pour que la Régence revienne? D'abord
» renverser la République, n'est-ce pas? Eh
» bien! le meilleur moyen de renverser la Ré-
» publique, c'est de nommer Louis-Napoléon
» président.

» — Ah bah! monsieur! — que je fis à mon
» propriétaire; — et comment donc cela?

» — Si vous lisiez les journaux, maître Char-
» lie, — me répondit-il, — vous sauriez que

» Louis-Napoléon est un homme sans moyens,
» sans caractère, sans valeur, qui ne sait pas
» dire deux mots de suite en bon français (car
» il a de l'accent ni plus ni moins qu'un Al-
» lemand); il n'a parlé qu'une fois à l'As-
» semblée nationale, à cette fin de déclarer qu'il
» ne parlerait jamais [1]; et encore, ces belles
» choses, il les lisait sur un bout de papier;
» car, je le répète, il ne sait pas dire deux mots
» de suite sans les lire; enfin Louis-Napoléon,
» lors des insurrections militaires qu'il a essayé
» de soulever à *Strasbourg* et à *Boulogne,* dans
» le but de se couronner lui-même *empereur*
» *des Français* (rien que ça, le gaillard!), a
» bien prouvé qu'il n'était qu'un pauvre *sire.*

» — Mais alors, monsieur, — ai-je répondu
» à mon propriétaire, — reprit maître Charlie,
» — puisque Louis-Napoléon vaut si peu, pour-
» quoi donc le choisir pour président de la Ré-
» publique?

» — A cette seule fin qu'il fasse le plus de mal

---

[1] Voici le passage du discours *lu* par M. Louis-Napoléon :

« Je déclare donc à ceux qui voudraient organiser contre moi
un système de provocation que dorénavant je ne répondrai à
aucune interpellation, à aucune excitation (Oh! oh!). »

Un membre. C'est plus commode.

(*Moniteur* du 27 octobre.)

» à la République, maître Charlie, — reprit mon
» propriétaire ; et il ajouta : — Écoutez-moi bien :
» plusieurs journaux légitimistes, des BLANCS,
» comme vous dites ici, se joignent à nous pour
» faire nommer Louis-Napoléon. Savez-vous
» pourquoi ? Parce qu'il est presque certain
» que, s'il est élu président, ce garçon, se
» croyant très-populaire en France, se dira :
» *Bah ! c'est bien plus gentil d'être empereur,*
» *comme mon oncle, que président de la Ré-*
» *publique pour trois ans. La France me choi-*
» *sit : donc elle veut un empereur, tant pis je me*
» *couronne moi-même !!* — Vous pensez, maître
» Charlie, que ceux de nos amis qui conseillent
» Louis-Napoléon le pousseront dans cette
» voie-là. Aussi, un beau jour, mon farceur se
» déclarera lui-même empereur : c'est son idée,
» à ce garçon. Aussitôt, nouvelle révolution,
» coups de fusil et tout ce qui s'ensuit ; car les
» vrais républicains ne s'arrangeront pas des
» visions impériales de monsieur Louis-Napo-
» léon. Alors nous dirons aux bonnes gens :
» — *Vous le voyez, la République est impossible*
» *en France : toujours des émeutes, toujours*
» *des coups de fusil, jamais de repos. Louis-*
» *Napoléon, une fois président, a voulu se pro-*
» *clamer empereur : tous les présidents vou-*
» *dront, tôt ou tard, faire la même chose ; on*

» *sera continuellement sur le qui-vive. Encore*
» *une fois, ça ne prouve-t-il pas que la Répu-*
» *blique est impossible en France? Allez, bonnes*
» *gens, il n'y a que la Régence! Vive la Ré-*
» *gence!* — Alors la Régence sera proclamée,
» et nous enverrons Louis-Napoléon se faire...
» empereur en Amérique ou ailleurs...

» — C'est très-bien, monsieur, — dis-je à
» mon propriétaire, — reprit maître Charlie; —
» mais, monsieur, vous m'avez avoué qu'un
» grand nombre de *blancs* votaient aussi pour
» Louis-Napoléon, à seule fin de faire, comme
» les partisans de la Régence, tout le mal pos-
» sible à la République et de la renverser?

» — Certainement, — me répondit mon pro-
» priétaire, — certainement, c'est notre jeu à
» tous.

» — Mais alors, monsieur, une fois la Ré-
» publique renversée, et Louis-Napoléon aussi,
» les *blancs*, à leur tour, ne voudront pas de
» votre Régence, puisqu'ils ne veulent que leur
» *Henri V.*

» — Que vous êtes donc simple! maître Char-
» lie! — reprit mon propriétaire; — vous ne
» voyez pas qu'une fois la République à bas,
» nous nous moquerons des *blancs*, comme de
» Louis-Napoléon : parbleu! nous nous serons
» servis des blancs pour tirer les marrons du

» feu; car nous ne voulons pas de Henri V et
» de ses fleurs de lis, nous autres!

» — Très-bien, monsieur. Alors, moi et les
» miens nous voterons pour Louis-Napoléon, —
» dis-je à mon propriétaire, » — ajouta maître
Charlie; — puis, s'adressant à moi, le métayer
reprit : .

— En promettant cela, monsieur, je mentais.
C'était un tort; mais, que voulez-vous? le fermier dépend de son propriétaire, qui peut lui
causer grand' peine et dommage. J'ai donc pro-
mis, mais je n'en ferai qu'à ma tête. Personne
ne sait ni ne voit quel nom l'on écrit sur son
bulletin : j'y écrirai le nom qui me plaira;
mais, pour Dieu! ça ne sera pas celui de Louis-
Napoléon; les temps sont mauvais, et nommer
ce garçon, ce serait les rendre pires. Voilà donc
ce que mon propriétaire m'avait conté; mais
vous allez voir la fin de l'histoire, monsieur;
elle est drôle : l'autre jour, samedi, je m'en
vas donc au cabaret du bourg; j'y trouve du
monde, l'on cause de la nomination du président; les *blancs* se mettent à dire : « — Oh!
» nous autres, nous votons pour Louis-Napo-
» léon. — Bah! — que je leur dis; — et votre
» Henri V? — Justement, maître Charlie, il
» nous faut d'abord Louis-Napoléon, afin qu'il
» renverse la République en voulant se faire

» empereur. Aussi, pour qu'il en arrive là, nous
» nous associons aux partisans de la Régence ;
» mais, une fois la République à bas, nous
» nous moquerons de Louis-Napoléon et des
» partisans de la Régence, car nous ne voulons
» que Henri V. »

— M'est avis, — dit le vieux berger, — que
les *blancs* et les partisans de la Régence, en se
moquaut ainsi les uns des autres, se f...... tant
soit peu du peuple (comme dit le soldat), et
que, si de nouveaux malheurs arrivent, ça sera
encore *Jacques Bonhomme* qui payera comme
toujours les pots cassés sur son dos.

— Oui, mes amis, — repris-je, — tels sont
les odieux projets d'un grand nombre d'ennemis de la République, décidés à se servir de
M. Louis-Napoléon comme d'un instrument de
destruction ; ils le briseront ensuite avec mépris.
Tenez, mes amis, parlons sans passions, en
sages et honnêtes gens ; voyons les faits : deux
fois déjà M. Louis Napoléon, soit à Strasbourg,
soit à Boulogne, a été assez aveugle, assez fou
pour vouloir se proclamer lui-même empereur ;
je dis aveugle, je dis fou, parce qu'il fallait que
M. Louis-Napoléon fût insensé pour espérer
soulever la France en sa faveur par cela seulement qu'*il était le neveu de son oncle*. Mais
enfin, faisons la part de la jeunesse, de l'inca-

pacité, de la faiblesse de caractère et des mauvais conseils qui ont entraîné *le neveu de l'empereur* à cette première conspiration de Strasbourg : *Louis-Philippe* fait grâce à M. Louis-Napoléon; celui-ci reconnaît sa faute et remercie humblement le roi de la grâce qu'on lui accorde. Eh bien! malgré la complète indifférence de la France pour lui, lors de sa conspiration de Strasbourg, M. Louis-Napoléon, dans son incorrigible et folle ambition, essaie encore, quelques années plus tard, de se couronner lui-même empereur à Boulogne : seconde conspiration, plus ridicule, s'il est possible, que la première.

— En effet, — reprit le père Mathurin en riant, — j'ai vu dans les journaux du temps que le gars Louis-Napoléon s'était déguisé en *empereur :* petit chapeau, frac vert et culotte blanche; de plus, il avait entrepris de se faire accompagner d'un aigle vivant qui devait voltiger et folâtrer au-dessus de sa tête, en manière de pronostic impérial; mais l'aigle mal appris ne joua point du tout bien son rôle, s'en fut à tire d'ailes, et planta là M. Louis-Napoléon et le petit chapeau de son oncle.

— Maintenant, mes amis, — leur dis-je, — quand on pense que M. Louis-Napoléon, au lieu d'avoir été éclairé par la complète indifférence

que lui avait témoignée la France lors de la conspiration de *Strasbourg*, a été assez aveugle
pour tenter la conspiration de *Boulogne*, tout
homme impartial, de bon sens, jugeant l'avenir
d'après le passé, n'est-il pas en droit de supposer presque à coup sûr que, nommé président
de la République, grâce aux intrigues des partis ou à l'égarement de quelques populations
trompées, se croyant enfin cette fois fort du
suffrage de la France, M. Louis-Napoléon,
poussé par les ennemis de la République, voudra tenter de nouveau de se déclarer empereur?

— Le fait est, monsieur, — reprit le métayer,
— qu'autant qu'on peut préjuger d'une récolte
par sa semence, il y a cent à parier contre un
que Louis-Napoléon sera plus que jamais tenté
de se déclarer empereur, puisque cette fois-ci il
se croira soutenu par la majorité des Français.

— Se déclarer empereur! ah çà, mais un in-
stant! — s'écria le vieux berger. — La République est proclamée; elle a aussi ses partisans,
elle! et en fier nombre! Or la République ne
reconnaît pas d'empereur; il faudrait donc encore passer par une révolution pour le plaisir
de voir Louis-Napoléon essayer devant une glace
si la couronne lui va bien?

— Hélas! oui, mes amis, — leur dis-je, —
ce serait encore une révolution, et terrible,

celle-là! Tous les vrais républicains courraient
aux armes; car, la loi étant violée, il ne leur
resterait plus qu'à protester à coups de fusil
contre l'ambition de M. Louis-Napoléon; ce
serait donc encore la guerre civile! encore des
massacres! encore des frères se battant contre
des frères! encore des Français s'entre-tuant!
le commerce, qui commence à reprendre, re-
tomberait plus bas que jamais; la misère, déjà
grande, deviendrait horrible et générale; la
guerre civile ne serait plus seulement à Paris,
mais dans les provinces, car il s'agirait d'une
dernière lutte à mort entre les républicains et
les partis qui se servent de M. Louis-Napoléon
pour faire tant de mal à la France, dans l'espoir de nous ramener au despotisme des rois et
à la domination des prêtres; sans doute, j'en
suis convaincu, tôt ou tard l'avantage resterait
aux républicains; mais que de sang versé! mais
que de malheurs! mais que de désastres nouveaux!

— Il est vrai, monsieur, — me dit maître
Charlie, — cela fait horreur.

— Voilà donc, — repris-je, — une des terribles chances que l'on ferait courir à la France
en choisissant pour président M. Louis-Napoléon; « mais, — disent certains de ses partisans,
» — il est bien revenu de ses idées d'ambition,

» il se contentera d'être président de la Répu-
» blique ! » Soit. A tout péché miséricorde ; ou-
blions le passé, voyons le présent, et examinons
quels sont les titres de M. Louis-Napoléon à
présider la République ; par la même occasion,
nous verrons quelles garanties de capacité il
aurait données comme empereur ; car il y a aussi
beaucoup de gens qui, découragés par le malheur des temps, se figurent qu'en nommant
M. Louis-Napoléon empereur tout irait pour le
mieux du jour au lendemain. Voyons donc quel
est le mérite, le génie de M. Louis-Napoléon ;
voyons sur quoi ses partisans s'appuient lorsqu'ils le présentent à notre choix comme un
homme capable de gouverner la France et de
nous sortir de la crise où nous sommes. Sans
cela, pourquoi le choisir plutôt qu'un autre ?

— Il faudrait le choisir moins qu'un autre, à
cause des sottises qu'il a déjà faites, — dit le
métayer.

— C'est vrai, maître Charlie, mais laissons
là le passé. Vous conviendrez, n'est-ce pas ! que
le président de la République doit connaître la
France, ses besoins, son agriculture, son commerce, sa politique ; il doit avoir prouvé à la
nation qu'il est dévoué corps et âme à la République ; il doit enfin être connu du pays par les
services qu'il lui a déjà rendus, gages de ceux

qu'il peut lui rendre encore! Maintenant, examinons à ce point de vue les titres de M. Louis-Napoléon. Nommé représentant du peuple, depuis deux mois environ il siége à l'Assemblée nationale. Là, il a pu chaque jour, en toute liberté, parler à la tribune et montrer à la France ce qu'il savait, ce qu'il voulait, ce qu'il valait, afin que l'on pût juger par là de ce qu'il serait un jour. Voyons, dans toutes les questions de politique extérieure, où l'honneur et la gloire de la France républicaine étaient engagés, M. Louis-Napoléon a-t-il jamais dit un mot, un seul? Non. Lisez les journaux, vous y verrez que M. Louis-Napoléon est resté muet. Et, lors de ces questions où il s'agissait du bonheur du peuple, d'améliorer le sort des ouvriers des campagnes et des villes, de reconnaître et de réclamer le plus sacré de leurs droits : *le droit au travail*, M. Louis-Napoléon a-t-il dit un mot, un seul mot en faveur du peuple? Non, jamais; M. Louis-Napoléon est resté muet! Et dans toutes les questions où il s'est agi du *crédit*, de trouver le moyen de sortir des embarras financiers que le règne de Louis-Philippe nous a laissés, M. Louis-Napoléon a-t-il jamais proposé une mesure? Non, jamais; M. Louis-Napoléon est resté muet! Et lorsqu'il s'est agi de répartir les impôts de façon à les faire peser

davantage sur le riche que sur le pauvre,
M. Louis-Napoléon s'est-il prononcé? Non, jamais; M. Louis-Napoléon est resté muet! Et
lorsqu'il s'est agi de l'armée, de savoir si celui
qui a des écus a le droit, au nom de l'*égalité* et de
la *fraternité*, d'envoyer quelqu'un se faire tuer
pour lui à la guerre, tandis que l'ouvrier, le
laboureur pauvres sont forcés de quitter leur
famille, leur champ, leur atelier, pour aller
mener la vie rude de la caserne et du bivouac,
faire le coup de fusil contre les Bédouins, ou
mourir de la fièvre en Afrique! voyons : le
neveu de l'empereur, le neveu du *grand homme
des batailles*, M. Louis-Napoléon, a-t-il du
moins parlé d'améliorer le sort des soldats?
Eh! mon Dieu! non, rien, rien; M. Louis-Napoléon est resté muet, toujours muet! Il ne s'est
pas plus occupé de l'armée que de la marine,
que de l'agriculture, que de l'instruction publique, autre question bien importante pourtant,
puisqu'il s'agit d'assurer gratuitement l'éducation
à tous les citoyens! Non, non, M. Louis-Napoléon est resté muet sur toutes ces questions, parce
qu'il ne sait rien, parce qu'il se contente d'être *le
neveu de son oncle* et de s'appeler *Bonaparte;*
parce qu'il compte assez sur l'aveuglement, sur
l'ignorance ou sur l'égarement d'une partie de
la population pour se figurer qu'on le choisira;

parce qu'il s'imagine qu'il y aura des gens encore assez simples, parmi ceux qui l'ont nommé
représentant, pour se dire : « Il faut croire que
» Louis-Napoléon ne sait rien, ne connaît rien,
» ne vaut rien par lui-même, car depuis que
» nous l'avons envoyé à l'Assemblée nationale,
» il n'a pas soufflé mot, sans doute, afin de ne
» pas donner la mesure de sa valeur. C'est égal,
» tout incapable qu'il soit, nommons-le parce
» qu'il est le *neveu de l'Empereur !* Oui, *être*
» *le neveu de l'Empereur*, il n'en faut pas da-
» vantage pour bien gouverner la France dans
» les temps difficiles où nous vivons, et pour
» changer du jour au lendemain le mal en
» bien! » Voilà pourtant, mes amis, le singulier
raisonnement que les citoyens qui nommeront
M. Louis-Napoléon doivent se faire! Je sais
bien que ses partisans prétendent que s'il ne
dit rien, il n'en pense pas moins.

— M'est avis, — dit le vieux berger, — qu'il
n'en pense pas plus; mais croiriez-vous, monsieur, qu'hier de bonnes gens de chez nous me
disaient : — *Nous voulons de Louis-Napoléon
parce qu'il est riche*[1] ! — Comment, riche? —
leur demandai-je; — et en supposant qu'il soit
riche, qu'est-ce que ça vous fait? — Ça nous

---

[1] Ce. ia été dit à l'auteur de ce livre.

fait, père Mathurin, qu'avec les tas de millions en or qu'il a trouvés dans le tombeau de l'Empereur à Sainte-Hélène, Louis-Napoléon *payera les impôts pour toute la France pendant dix-sept ans...*

— Comment, — dis-je au père Mathurin, — on croit encore à ce mensonge absurde de millions dont disposerait M. Louis-Napoléon? lui qui a été dernièrement, disent les journaux, réduit à emprunter six cent mille francs?

— Oui, monsieur, — reprit le père Mathurin, — les bonnes gens croient cela. — Mais *hommes que vous êtes,* — leur ai-je dit, — combien croyez-vous donc que Louis-Napoléon ait de millions? — Dame, père Mathurin, peut-être bien cent millions. — Eh bien, moi, — leur dis-je, — je suppose qu'au lieu de cent millions il en ait cinq cent, qu'il ait un milliard, si vous voulez, eh bien, *hommes que vous êtes,* avec un milliard Louis-Napoléon ne payerait pas seulement les trois quarts des impôts de la France pendant un an; or il n'y a pas un roi en Europe qui ait seulement à lui une fortune de deux cents millions; allons donc, on se moque de vous, pauvres gens que vous êtes, avec ces menteries là.

— Après tout, père Mathurin, cela ne m'étonne pas, — dis-je au vieux berger. — Les

partisans de M. Louis-Napoléon emploient tous
les moyens ; dans les campagnes, ils répandent
ces absurdes mensonges ; dans les villes, ils disent : — Vous verrez le manifeste, la procla-
mation de Louis-Napoléon. — Mais cette pro-
clamation, qui l'aura écrite ? mais ces belles
promesses, qui les tiendra ? qui nous dit qu'elles
seront remplies ? Encore une fois, M. Louis-
Napoléon n'a-t-il pas eu cent occasions de montrer à l'Assemblée nationale, à la France ce qu'il
valait, s'il vaut quelque chose ? et, dans le doute
où nous sommes sur sa valeur, nous irions le choisir ! Franchement, serait-ce agir en gens de bon
sens, en bons républicains ? Et encore, s'il y
avait seulement à craindre que M. Louis-Napoléon fût un pitoyable président, ce serait toujours un grand malheur ; mais enfin, un bon
ministre aidant, l'Assemblée nationale aidant,
les trois années de la présidence de M. Louis-
Napoléon finiraient peut-être sans de trop forts
dommages pour la France ; mais ce qui surtout, avant tout, est à craindre lorsqu'on songe
à ce qu'il a déjà essayé, c'est la folle et ridicule
ambition de M. Louis-Napoléon, ambition encore excitée par tous les ennemis de la République, ambition qui nous jetterait au milieu des
horreurs de la guerre civile, et dans des misères
sans fin ! Et c'est en présence de ces deux chan-

ces, ou plutôt de ces deux certitudes : *avoir un président pitoyable* ou *un président usurpateur*, que l'on choisirait M. Louis Napoléon !

— Il faudrait être aveugle ou fou à lier, monsieur, — dit maître Charlie. — Car ce ne sont point là des suppositions, des mauvais bruits répandus par malice ; d'après ses tentatives de Boulogne et de Strasbourg, il y a cent à parier que le gars Louis-Napoléon voudra se faire empereur, et, s'il réussissait par hasard, le silence qu'il a toujours gardé à l'Assemblée nationale dans toutes les questions importantes prouve qu'il serait aussi pitoyable empereur que pitoyable président ! Je défie qu'on réponde à cela...

— Tenez, maître Charlie, — dit tristement le vieux berger, — savez-vous ce que tout cela prouve ? C'est que Louis Napoléon n'a ni cœur, ni amour pour la France, c'est un ambitieux nigaud, qui se moquerait pas mal de voir le pays à feu et à sang à cause de lui ! Et ce gars-là a l'effronterie de parler de son oncle ! Mordieu ! au lieu d'en parler, qu'il imite donc au moins l'Empereur dans ce qu'il a fait de bien lors d'une circonstance que je n'oublierai jamais !

— Que veux-tu dire, vieux Mathurin ? — reprit maître Charlie.

— Je ne vous l'ai pas caché, maître Charlie,
— répondit le vieux berger : — lorsque Bonaparte, général républicain, a trahi la République pour se couronner Empereur, il m'a fait
l'effet d'un fils qui renierait sa mère. Certes,
pendant la durée de son empire, il a fait bien
du mal à la France : il l'a épuisée d'hommes et
d'argent ! il l'a traitée en vassale, en esclave ;
deux fois, à cause de lui, elle a été envahie,
ravagée par les Cosaques et les Prussiens,
qui nous ont ramené cette maudite race des
Bourbons, et toute leur sequelle ; c'était assez
de raisons, n'est-ce pas ? pour me faire détester
l'Empereur ; pourtant je lui ai pardonné beaucoup de choses, en raison de sa première
gloire républicaine, de son long martyre à
Sainte-Hélène, et surtout de ce qu'il a fait et dit
à Fontainebleau. Je le sais bien... j'y étais.

— Toi, vieux Mathurin ?

— Oui, maître Charlie, j'étais alors en route
pour le Midi où j'ai été si joliment caressé par
les *blancs*, ces chers amis des Bourbons ; j'arrive donc à Fontainebleau ; l'Empereur s'y trou-
vait, il venait de perdre sa dernière campagne
de France, mais il avait encore autour de lui
une partie de sa vieille garde, et pas loin de
Fontainebleau une cinquantaine de mille hommes ; avec ces troupes, il pouvait encore es-

sayer de se battre contre les alliés et peut-être
garder sa couronne; mais, pour cela, il lui
aurait fallu prendre encore la France pour
champ de bataille, exposer ainsi le pays à être
ravagé presque sur tous les points, comme il
arrive toujours pendant la guerre : et puis les
Français se seraient armés pour ou contre les
Bourbons que les Cosaques nous rapportaient
encore. C'était à la fois la guerre étrangère et
la guerre civile... Eh bien, l'Empereur n'a pas
voulu courir la chance d'exposer la France à
tant de malheurs; il a préféré abdiquer, re-
noncer au trône pour lui et pour son fils, le
roi de Rome, cet enfant qu'il aimait tant, et
dont à Sainte-Hélène il ne prononçait le nom
qu'avec de grosses larmes dans les yeux; c'est
alors que l'Empereur a fait ses adieux à sa
vieille garde; je l'ai vu sortir du château de
Fontainebleau et descendre les marches du
perron; il avait sa redingote grise et son petit
chapeau, sa figure était toute pâle; il a demandé
le drapeau d'un régiment des grenadiers de sa
garde, il a pressé le drapeau contre sa poi-
trine, et il a pleuré... ses vieux grognards pleu-
raient comme lui; alors il s'est écrié: — *Pas
de guerre civile... je renonce à la couronne pour
moi et pour mon fils ; le repos, le bonheur de
la France avant tout !* — Oui... — ajouta le

vieux berger avec émotion, — oui, voilà ce que l'Empereur a fait à Fontainebleau. — Puis le père Mathurin s'écria avec une vive indignation :
— Et lorsque l'empereur Napoléon, plutôt que de causer de nouveaux malheurs à la France, a renoncé pour lui et pour son fils à une couronne qu'il avait du moins su mériter à force de génie et de gloire, son s.... neveu, qui n'a rien mérité du tout, qui n'a aucun droit, qui n'est que pauvrement ou vilainement connu, oserait ce que l'Empereur, le grand Empereur n'a pas osé, exposerait la France à la guerre civile! Comment! ce gars Louis-Napoléon n'a pas seulement assez de bon sens, ou à défaut de bon sens, assez bon cœur pour reculer devant les maux que son ambition peut causer à la France! il persiste, il s'entête, malgré ce qu'il voit et entend dire tous les jours. Eh! tonnerre de Dieu! s'il n'est pas donné à un chacun de faire de belles et grandes actions, un chacun peut du moins prendre sur soi de se tenir en repos et de ne faire de mal à personne...

— Vous avez raison, père Mathurin, — lui dis-je, — à défaut de génie, un homme incapable peut se racheter par le cœur et empêcher le mal que l'on pourrait faire en son nom, c'est encore un moyen de servir sa patrie. Certes si Henri V, si M. Louis-Napoléon, au lieu d'inquiéter la

France par leurs prétentions, imitaient, comme
vous le dites, la noble conduite de l'Empereur à
Fontainebleau, s'ils abdiquaient loyalement
toute ambition devant la volonté de la France,
qui a légalement, universellement reconnu et
accepté la République, *puisque les représen-
tants du peuple nommés par le suffrage universel ont constitué le gouvernement républicain ;* certes M. Louis-Napoléon, la régence et
Henry V rendraient un grand service à leur
pays ; mais rassurons-nous, mes amis, la République aura peut-être, grâce à la haine de ses
ennemis, de tristes jours à passer encore, tristes, bien tristes jours, car le peuple en souf-
frira le premier, mais les partis se lasseront et
de tant d'épreuves la République sortira plus
forte et plus raffermie ; tâchons d'avoir un bon
président, ce sera un grand pas de fait vers un
avenir meilleur.

— Quant à moi, monsieur, — dit maître
Charlie,—vous pensez bien qu'après notre entretien de l'autre jour, et surtout d'après celui d'aujourd'hui, je ne voterai pas pour Louis-Napoléon ;
mais j'hésite entre deux noms : celui de M. *de
Lamartine* et celui du *général Cavaignac.*

— Et moi, — dit le vieux berger, — je balance entre les noms de M. *Ledru-Rollin* et
celui de M. *Raspail.*

— M. *Raspail?* en voilà un que je ne connaissais pas, vieux Mathurin, — dit maître Charlie.

— Je connaissais bien le nom de M. Ledru-
Rollin, qu'on dit un homme féroce... un buveur
de sang...

Puis, s'interrompant en me voyant sourire, le
métayer ajouta :

— Vous riez, monsieur ?

— Allez toujours, maître Charlie, tout à
l'heure nous causerons des candidats à la présidence.

— Eh bien donc, — reprit le métayer, — je
connaissais bien le nom de M. Ledru-Rollin,
mais pas celui de M. Raspail; est-ce que vous
le connaissez, monsieur ?

— Certes, maître Charlie, — lui dis-je, —
c'est le nom d'un sincère et vieux républicain,
à la fois plein d'esprit, de bonhomie et de courage ; il a vaillamment souffert pour sa cause ;
longtemps prisonnier sous Louis-Philippe,
M. Raspail, ne perdant jamais ni confiance ni
espoir, a toujours conservé pure sa foi républicaine; dernièrement élu à Paris représentant
du peuple par 80,000 voix, c'est un des hommes les plus savants de l'Europe, et sa bien-
faisance égale son savoir; sans cesse il s'est
occupé du bonheur du peuple, de ses souf-
frances, de ses maux; il a écrit plusieurs ex-

cellents petits livres destinés à enseigner aux
pauvres gens les moyens de se guérir ou de se
préserver de beaucoup de maladies, car, bien
qu'il ne soit pas *docteur*, M. Raspail est aussi
un grand médecin; il a toujours donné gratuitement ses soins et ses conseils à une foule de mal-
heureux, les aidant souvent de sa bourse; dans
ces derniers temps il a rédigé un journal nommé
l'Ami du Peuple avec autant de talent que
de patriotisme, car il est de ceux qui veulent
fermement que ces trois mots inscrits sur le
drapeau de la République : *Liberté, Égalité,
Fraternité*, ne soient pas de vaines paroles.
M. Raspail, essentiellement *socialiste*, prêche
surtout dans ses écrits la fraternité, la paix,
l'union, la concorde; il déplorerait toute vio-
lence, persuadé que, grâce à la Constitution républicaine et au *suffrage universel*, le peuple,
en usant pacifiquement de ses droits, obtiendra
peu à peu tout ce qu'il doit obtenir encore.

— Le bien que vous venez de me dire de
M. Raspail, — reprit le vieux berger, — m'a-
vait déjà été confirmé il y a longtemps en prison, par un condamné politique : aussi, lisant
dans un des journaux que vous m'avez prêtés
que beaucoup de *républicains-socialistes* portaient M. Raspail à la présidence, je me suis
rappelé que c'était un vieux et solide patriote,

et j'ai bien envie de lui donner ma voix : d'un autre côté, M. Ledru-Rollin a aussi beaucoup de droits... au choix des vrais républicains...

— Allons, vieux Mathurin... tu n'y songes pas... — dit maître Charlie, — M. Ledru-Rollin, ce... ce....

— Ce buveur de sang, — dis-je en riant à maître Charlie en l'interrompant, — cet homme féroce, ce mangeur de petits enfants !

— Ma foi, monsieur, — reprit le métayer, — on dit que c'est un homme terrible, toujours coiffé d'un bonnet rouge, portant un *paletot-carmagnole*, comme dans l'ancienne révolution, et si méchant... mais si méchant ! que ses amis même en ont peur !

— En effet, maître Charlie, — lui dis-je, — la calomnie, la haine, l'esprit de parti ont imaginé une foule de contes encore plus bêtes qu'odieux sur presque tous les citoyens qui ont vaillamment pris part à la révolution de février, aussi vais-je bien vous étonner en vous disant que M. Ledru-Rollin est un homme dont les manières affectueuses et polies, dont le langage franc et cordial comme son caractère, vous plairaient tout de suite...

— Comment! — s'écria maître Charlie, — comment!... cet ogre en bonnet rouge !

— M. Ledru-Rollin ne porte jamais de bonnet rouge, maître Charlie, vous pouvez m'en croire; et avant qu'il eut généreusement dépensé presque toute sa grande fortune au service de la cause républicaine, vous auriez pu voir M. Ledru-Rollin dans une fort jolie voiture, et non point vêtu d'une *carmagnole*, je vous assure; car l'on peut être républicain *rouge*, comme on dit, vouer son cœur, son esprit, son argent, sa vie à l'affranchissement du peuple, et aimer les arts, l'élégance, en encourageant les industries de luxe, qui font vivre tant de familles.

— En vérité, monsieur, vous m'étonnez beaucoup, — me dit maître Charlie; — je me figurais M. Ledru-Rollin un homme à longue barbe, d'une physionomie rébarbative.

— Franchement, maître Charlie, — reprit le vieux berger, — les vrais républicains, qui ont aboli la peine de mort dès qu'ils ont été les maîtres, peuvent-ils jamais passer pour des hommes au cœur impitoyable?

— Croyez-moi, maître Charlie, — lui dis-je, — M. Ledru-Rollin a de grands droits au choix des républicains; car, sous la monarchie, il avait fait tous les sacrifices possibles pour propager l'opinion républicaine, et une fois au pouvoir, il est resté courageusement fidèle aux principes de sa vie entière.

— Mais, monsieur, — me dit maître Charlie,
— et ces terribles circulaires... si menaçantes.

— Mon Dieu, mes amis, en des temps si
difficiles, qui ne commet pas de fautes, d'er-
reurs? Et encore, voyons, ces terribles circulaires, qui menaçaient-elles? De quoi menaçaient-elles? Elles ne s'adressaient ni à vous,
ni à moi, ni aux citoyens en dehors du gouvernement! Elles s'adressaient simplement aux
gens en place. Or, dans un temps de révolution,
est-ce donc un si grand crime de menacer les
fonctionnaires de destituer ceux qui se mon-
treraient ouvertement hostiles à la République,
qu'ils devaient servir et soutenir, puisqu'ils ac-
ceptaient d'elle des places et des traitements? En
un mot, lorsque, comme M. Ledru-Rollin, l'on
a été pendant dix ans l'un des chefs les plus
éminents et les plus actifs du parti républicain,
lorsqu'au 24 février on a le premier proclamé la
République à la Chambre des députés, au risque
de sa vie; lorsqu'on a été membre influent de
ce gouvernement provisoire qui a su, au sortir
d'une crise violente, donner pendant trois mois
à la France la paix au dedans, la paix au dehors, sans verser une goutte de sang ou tirer un
coup de canon; lorsque l'on est un des plus
grands orateurs du pays; lorsque l'on joint à
ces titres une probité rigide, un désintéresse-

ment exemplaire que les plus ignobles calom-
nies n'ont pu effleurer, lorsqu'on a enfin des
principes politiques inflexibles, un cœur géné-
reux et une haute intelligence, l'on peut glo-
rieusement se présenter aux suffrages de ses
concitoyens, et je vous avoue qu'il a toutes mes
sympathies.

— Je vous crois, monsieur, — me dit maître Charlie, — j'étais sans doute mal informé ;
mais enfin, si estimable que soit M. Ledru-
Rollin, il n'aura pas ma voix : chacun son idée,
son opinion, et de même que le vieux Mathurin
balance entre M. Raspail et M. Ledru-Rollin...
moi je balance entre M. de Lamartine et le général Cavaignac.

— Écoutez, maître Charlie, — reprit le
vieux berger, — quoique M. de Lamartine et
le général Cavaignac ne soient pas mes hommes... et qu'il y ait eu dans leur conduite des
choses que je n'approuve point, je les crois de
bons, de sincères républicains, et je voterais
pour eux, à défaut de M. Raspail ou de M. Ledru-Rollin.

— C'est comme moi, vieux Mathurin, — reprit maître Charlie ; — d'après ce que j'ap-
prends de M. Raspail et de M. Ledru-Rollin,
ça seraient mes hommes si je n'avais pas les
miens ; car M. de Lamartine, le général Cavai-

gnac, ce sont de fiers hommes, n'est-ce pas, monsieur ?

— M. de Lamartine, — dis-je à maître Charlie, — a été élu représentant du peuple par près de deux millions de voix : c'était justice ; pendant trois mois, la France s'est montrée équitable envers lui, on admirait la noblesse de son cœur et son intrépidité dans les moments périlleux. On citait son manifeste aux rois de l'Europe après la révolution de février, et l'on disait avec raison qu'en entendant la France républicaine s'exprimer dans un langage si calme, si juste et si fier, les rois de l'Europe avaient été forcés de respecter notre révolution. A Paris la foule se pressait sur le passage de M. de Lamartine, on l'applaudissait avec transport ; et pourtant, fort de son dévouement à la cause populaire, il ne ménageait pas les vérités au peuple, qui toujours l'écoutait avec affection et respect. Non, jamais homme, jamais roi ne jouira de la légitime popularité dont a joui pendant trois mois M. de Lamartine. C'est que l'on savait aussi que cette tendresse de cœur pour ce qui souffre n'était pas de vaines paroles ; car M. de Lamartine a fondé dans son département un hospice pour les vieillards, une école pour les enfants. Oui, oui, mes amis, M. de Lamartine est un des meilleurs, des plus grands citoyens de la République, et pourtant un jour est venu où la haine et la calomnie l'ont atteint, comme tant d'autres; l'ingratitude à méconnu ses immenses services; mais quand on a tant fait pour son pays, le jour de la justice n'est jamais loin, et peut-être cette justice sera-t-elle rendue à M. de Lamartine le jour où le président de la République sera nommé !

— Et le général Cavaignac, monsieur, — me dit Charlie, — c'est encore un bon républicain celui-là.

— Je le crois, maître Charlie, — lui dis-je, — et du reste il a de qui tenir : son père, un des hommes les plus estimables de la première République, est mort proscrit par les Bourbons; son frère, Godefroid Cavaignac, un des plus grands cœurs et des plus grands esprits du parti républicain; proscrit aussi sous Louis-Philippe comme conspirateur, après être revenu d'Angleterre, où il s'était réfugié, a continué de propager activement l'opinion républicaine ; malheureusement pour la France, il est mort il y a peu d'années, sans avoir vu le triomphe d'une cause qu'il avait si vaillamment servie de sa plume, de son argent et de son épée... Il est mort dans les bras de sa courageuse mère, femme d'un caractère antique, qui avait virilement élevé ses deux fils dans la foi républicaine de leur père; à cette foi, du moins, le général Cavaignac est resté fidèle; ses ennemis les plus déclarés, ses amis les plus sévères peuvent et doivent déplorer certains actes de sa politique, mais personne n'élèvera jamais le moindre doute sur les services qu'il a rendus au pays dans plusieurs circonstances, sur son désintéressement rigide et sur la sincérité de ses convictions républicaines... car elles sont chez lui plus qu'une opinion, elles sont presque un sentiment familial, rendu sacré par sa vénération pour sa mère, par la mémoire de son père et par le souvenir glorieux de son frère.

— Et puis enfin, — dit maître Charlie, — il n'y a eu qu'une voix en France pour dire que le général Cavaignac avait sauvé le pays dans les journées de juin. D'un bout de la France à l'autre, on a reconnu ce qu'on lui devait; et, comme vous le disiez, monsieur, si terrible qu'ait été la bataille contre les insurgés, le général Cavaignac a dit ces mots que vous nous avez cités et qui sont beaux et touchants : — *Il y a ici des vainqueurs et des vaincus, mais que mon nom soit maudit s'il y avait jamais des victimes.*

— Oui, ce sont là de nobles paroles, maître

Charlie. Puisse une amnistie générale les changer en une généreuse action!

— Maintenant, monsieur, — me dit maître
Charlie en riant, — le beau serait, n'est-ce pas?
de nous mettre tous deux d'accord, moi et le
père Mathurin, afin de voter pour le même
candidat.

— Oh! ça, maître Charlie, — dit le vieux
berger, — c'est impossible! impossible!... Si je
n'avais point à choisir M. Raspail ou M. Ledru-Rollin, je ne dis pas... je voterais sans doute
pour le général Cavaignac; car je le crois au
fond vrai républicain. Mais, d'après ce que j'ai
vu dans les journaux, il a malheureusement
donné trop à droite; il aurait dû, comme le dit
monsieur, demander amnistie, oubli et pardon
pour les insurgés qui n'ont été qu'égarés, et
surtout ne pas se rapprocher de ces mauvais
gars de la Régence, qui maintenant le plantent
là pour reverdir.

— Mais, que diable! père Mathurin, — reprit maître Charlie, — le général Cavaignac ne
pouvait pas non plus se mettre à la tête de la
République rouge.

— Et pourquoi pas, maître Charlie? — de-
manda le vieux berger; — et pourquoi donc pas?

— Eh! mon Dieu! vieux Mathurin, tout bon-
nement parce que ça n'était pas l'opinion du

général Cavaignac. Il a eu tort, selon toi; il a
eu raison, selon moi : voilà toute la différence;
car, enfin, tous deux nous voulons franchement
la République, n'est-ce pas ?

— Oui, maître Charlie.

— Nous sommes tous deux de braves gens.

— Par ma foi! oui, maître Charlie.

— Et pourtant, nous voyons le bien de la
République chacun à notre manière : toi, en
voulant M. Raspail ou M. Ledru-Rollin pour
président; moi, en voulant le général Cavaignac ou M. de Lamartine. De nous deux qui a
tort? Ni l'un ni l'autre, puisque nous pensons
en conscience.

— C'est vrai, maître Charlie, chacun voit à
sa manière ; et, pour que vous respectiez ma
façon de penser, je dois respecter la vôtre : seulement, si ceux-là qui, comme moi, veulent
nommer M. Ledru-Rollin ou M. Raspail sont
les plus nombreux...

— Parbleu! c'est tout simple; ils les nommeront, vieux Mathurin, et ils auront raison :
c'est leur droit, comme c'est notre droit, à nous
autres qui voulons nommer le général Cavaignac ou M. de Lamartine, de les faire nommer
si nous pouvons. Et cela sans que nous soyons
moins bons amis pour cela. Pas vrai, vieux
Mathurin ?

Et le métayer tendit cordialement la main au berger, qui la lui serra en disant :

—Par Dieu! maître Charlie, c'est tout simple, ça... Seulement, c'est dommage que nous ne puissions pas nous entendre.

— C'est vrai, vieux Mathurin... Bah! voyons, entendons-nous... Vote pour le général Cavaignac; oublie qu'il a été trop à droite.

— Voyons, maître Charlie, votez pour M. Ledru-Rollin, et oubliez ses circulaires.

— Sais-tu ce que tu feras, vieux Mathurin, en votant pour M. Ledru-Rollin? — reprit le vieux métayer, — tu diviseras nos voix, comme monsieur nous le disait tout à l'heure, et tu donneras des chances à ce gars Louis-Napoléon.

— Savez-vous ce que vous ferez, maître Charlie, en votant pour le général Cavaignac? — reprit en riant le vieux berger, — vous diviserez nos voix, comme monsieur nous le disait tout à l'heure, et vous...

—Ah! ah! tu te moques de moi, vieux malin!

—Ma foi, non, maître Charlie; je parle en homme de bon sens, puisque je répète ce que vous venez de dire.

— Il est vrai, mes amis, — repris-je, — qu'il y a un immense danger dans la division des voix lorsque nous ne sommes pas assez bons citoyens pour savoir faire à la République et au salut du pays le sacrifice momentané de nos préférences, de nos amitiés ou de nos espérances (sans pourtant jamais sortir du cercle de notre opinion fondamentale)..... Tenez, les dernières élections de Paris ont offert un glorieux exemple de ces sacrifices dont je vous parle : il s'agit du dernier vote des républicains *socialistes* et *rouges*, comme on les appelle.

— Et m'est avis, — dit le père Mathurin, — qu'ils ont souvent de quoi rougir d'indignation en voyant certaines choses...

— L'entendez-vous, monsieur, — me dit en riant maître Charlie, — ce vieux gausseur de Mathurin?

— Et il n'a pas tort, maître Charlie... Je vous disais donc que les républicains rouges portaient plusieurs candidats, parmi lesquels étaient MM. *Raspail, Thoré, Cabet, Schœlcher, d'Alton-Shée.* Ces deux derniers avaient aussi de grands titres au choix des républicains sincères. M. *d'Alton-Shée*, ancien pair de France, avait bien avant la révolution de février proclamé les droits du peuple. M. Victor Schœlcher, républicain éprouvé, après avoir, pendant vingt ans, réclamé l'affranchissement des pauvres esclaves des colonies, venait de signer lui-même leur acte d'émancipation, digne récompense de tous les sacrifices qu'avait faits M. Schœlcher pour l'abo-

lition de l'esclavage. Eh bien! afin de ne pas diviser les voix des électeurs, et quoiqu'ils eussent
de grandes chances, MM. Schœlcher et d'Alton-
Shée ont généreusement retiré leur candidature.
Les électeurs n'ont pas voulu rester au-dessous
de ce désintéressement : ils se sont fait mutuel-
lement des concessions, afin de s'entendre et de
ne pas diviser leurs voix. Or, il est résulté de ce
fraternel accord que M. *Raspail* a été nommé,
et qu'il s'en est fallu de très-peu de voix que
MM. *Cabet* et *Thoré* fussent aussi nommés.

— C'est vrai, — dit maître Charlie. — C'est
d'un bon exemple... Et, franchement, plutôt
que de voir ce gars Louis-Napoléon nommé, je
voterais pour M. Ledru-Rollin (honnête homme
après tout, malgré ses circulaires) si je croyais
qu'il eût plus de chances que le général Cavaignac.

— Aussi vrai que Dieu est mon maître! —
reprit le vieux berger, — quoique j'aie sur le
cœur certaines choses contre le général Cavaignac, je voterais pour lui si je croyais qu'il eût
plus de chances que M. Ledru-Rollin.

— Et cette concession mutuelle serait plus
que jamais importante, mes amis; car, nous en
sommes convenus, tout fait supposer à bon
droit que la présidence de M. Louis-Napoléon
sera un terrible malheur pour la France; et que,

sans perdre la République (elle est plus forte
que M. Louis-Napoléon et ses partisans), cette
élection exposerait le pays à de cruelles et sanglantes épreuves. Aussi, mes amis, avant de dé-
cider pour qui vous voterez, réfléchissez, rensei-
gnez-vous dans le canton; en un mot, pour faire
un choix utile à la France et à la République,
que tout bon citoyen se rallie à la majorité qui
votera pour un de ces quatre noms : *Ledru-
Rollin* ou *Raspail, Cavaignac* ou *de Lamartine.*

— C'est convenu, monsieur, — me dit maître
Charlie; — mon parti est pris... Quoi qu'il arrive, je saurai sacrifier mes préférences, afin
d'assurer l'élection d'un vrai républicain et que
Louis-Napoléon ne soit pas nommé.

— Et moi aussi, — dit le vieux berger; —
ce serait un trop grand malheur pour la France
que d'avoir ce gars-là pour président.

— Du reste, mes amis, — leur dis-je, — il
y a un fait bien remarquable : depuis deux ou
trois jours que l'on croit à la possibilité de l'é-
lection de M. Louis-Napoléon, la rente a *baissé
de près de cinq francs* (aujourd'hui 9 novembre),
baisse plus considérable que celle occasionnée par
l'insurrection de juin. Jugez par cela de l'inquié-
tude du pays à la seule pensée de voir M. Louis-
Napoléon Bonaparte président de la République!
Et puis enfin tenez, j'ai là justement sur moi

un journal qui cite tous les journaux de Paris et des départements qui combattent l'élection de M. Louis-Napoléon. Or, vous le savez, mes amis, un journal représente toujours l'opinion d'un grand nombre d'abonnés; or, voyez à Paris et dans les départements combien il y a d'opposition contre la nomination du neveu de l'empereur.

Et maître Charlie lut les protestations suivantes :

Le *Républicain des Ardennes* se déclare contre Louis Bonaparte, et veut pour président un homme qui ait donné des gages sérieux de son désintéressement et de son dévouement à la République démocratique, une et indivisible.

Le *Progrès d'Indre-et-Loire* espère que la majorité des départements repoussera la candidature de Louis Bonaparte. Comme roi constitutionnel, il pourrait être accepté sans péril; comme président responsable, il serait trop au-dessous de sa position.

Le *Franc-Comtois* ne voit chez M. Louis Bonaparte qu'un ambitieux médiocre exploitant à son profit le grand nom que le hasard lui a donné.

Le *Progrès de Rennes* repousse la candidature de M. Louis Bonaparte.

Le *Précurseur de l'Ouest* repousse, dans M. Louis Bonaparte, le fils du roi de Hollande, le héros des fêtes de l'aristocratie anglaise, le triste conspirateur de Strasbourg, le conquérant mystifié de Boulogne, l'allié de Nicolas, le citoyen suisse, et, en fin de compte, le constable spécial de S. M. la reine d'Angleterre.

Le *Républicain de Loir-et-Cher* déclare que les paysans de ce département ont trop de bon sens pour se laisser prendre au charlatanisme dont on use en ce moment pour les rallier à la candidature de Louis Bonaparte.

La *Vérité*, de Châlons, s'élève contre la candidature de celui qu'elle nomme l'ancien constable anglais, et espère que le peuple votera pour celui qui a sauvé la République aux journées de juin.

L'*Indépendant du Nord*. Selon ce journal, M. Louis Bonaparte veut arriver par la présidence à l'asservissement de notre pays.

L'*Indépendant de la Moselle*. Aux yeux de ce journal, ce serait un immense malheur pour notre pays si la candidature de Louis-Napoléon réussissait.

Gazette de Cambrai. Suivant ce journal, la crainte des suites de l'avénement de M. Louis Bonaparte à la présidence poussera une foule de citoyens, malgré la vivacité de leurs répugnances, à sacrifier leurs sympathies personnelles au succès de la candidature du général Cavaignac.

Le *Propagateur de l'Aube* affirme qu'il a été offert à son confrère du *Progrès* une somme de 10,000 francs pour soutenir la candidature de Louis-Napoléon ; le confrère, bien entendu, aurait refusé. Le *Progrès* reproduit ces paroles, et ajoute qu'il combattra à outrance le neveu impuissant et vulgaire de Napoléon.

Le *Pilote de la Somme*, pour ruiner la candidature de M. Louis Bonaparte, se contente de remettre sous les yeux de ses lecteurs les détails de l'échauffourée de Strasbourg et de celle de Boulogne.

Le *Guetteur*, de Saint-Quentin, attaque violemment la candidature de Louis Bonaparte. Il est convaincu que dans la ville de Saint-Quentin une immense majorité est acquise au général Cavaignac.

Le *Courrier républicain*, de la Côte-d'Or, repousse la candidature de Louis Bonaparte. « L'Anglais, dit-il, a assassiné l'empereur sur le rocher de Sainte-Hélène, et l'empereur ne reconnaît pas pour son neveu l'homme qui a porté le bâton de commissaire de police au service de ses assassins. »

Le *Peuple*, de Limoges, ne veut, à aucun prix, de M. Louis Bonaparte.

Le *Courrier de la Sarthe* espère que la majorité des départements repoussera la candidature de M. Louis Bonaparte.

L'*Eclaireur*, de Saint-Omer, et l'*Emancipation*, de Toulouse, se posent en adversaires de la même candidature.

Le *Journal du Cher* s'élève contre la candidature de Louis Bonaparte et se déclare pour la République modérée.

Le *Mémorial de Rouen*. On nous propose aujourd'hui, dit cette feuille, le chapeau de Napoléon, tandis que c'est de sa tête que nous aurions besoin.

L'*Echo du Nord* repousse la candidature de M. Louis Bonaparte, qu'elle appelle « cet incorrigible prétendant. »

Le *Breton*. Si l'on voyait arriver à la présidence, dit cette feuille, Louis-Napoléon, qui n'a pas même le sens commun, et dont tous les antécédents sont contre lui, le monde civilisé concevrait pour le suffrage universel un profond mépris.

Le *Progrès de l'Oise*. Pour ce journal, le nom de Louis Bonaparte signifie à l'intérieur *despotisme* et à l'extérieur *guerre*.

Le *Courrier de la Moselle* s'élève contre la candidature de M. Louis Bonaparte. Pauvre président de République et pauvre France! s'écrie ce journal, si jamais le peuple pouvait s'égarer jusqu'à remettre nos destinées à une incapacité pareille!

L'*Observateur des Pyrénées* voit dans l'orage parlementaire qu'a suscité à la chambre la candidature de M. Louis Bonaparte un avant-goût des tempêtes bien plus terribles que cette candidature suscitera dans le pays si elle est acceptée.

Le *Progrès*, de la Bretagne, s'élève contre la candidature de M. Louis Bonaparte.

L'*Impartial*, de Besançon. La fierté des Francs-Comtois, dit cette feuille, n'a pas voulu capituler avec la gloire de Napoléon lorsqu'il fut question de lui conférer le consulat à vie ; il ne faut pas espérer qu'elle fasse des concessions à l'homme qui a hérité du nom de l'empereur, mais qui n'a pas hérité de son génie.

Ajoutez à cela le *Courrier*, de l'Aisne ; le *Républicain*, de l'Allier ; le *Socialiste*, des Alpes ; le *Propagateur républicain*, de Mézières ; la *Paix*, le *Progrès*, de l'Aube ; la *Fraternité*, de l'Aude ; l'*Aveyron républicain*, le *Sémaphore*, le *Courrier*, l'*Indépendant*, la *Voix du Peuple*, le *Spectateur du Midi*, l'*Ère nouvelle*, le *Publicateur*, des Bouches-du-Rhône ; le *Haro*, de Caen ; le *Courrier*, du Cantal ; l'*Echo*, l'*Union républicaine*, de la Charente ; la *République de 1848*, du Cher ; le *Citoyen*, la *Tribune*, de la Côte-d'Or ; l'*Armorique républicaine*, des Côtes-du-Nord ; l'*Echo de l'Isone*, le *Républicain* et la *Ruche*, de la Dordogne ; le *Glaneur.*, d'Eure-et-Loir ; l'*Armoricain*, du Finistère ; le *Républicain*, du Gard ; le *Constituant démocrate*, de la Haute-Garonne ; la *Tribune*, le *Courrier* et le *Mémorial*, de la Gironde ; l'*Indépendant*, de l'Hérault ; le *Patriote*, du Jura ; la *Sentinelle populaire*, de la Loire ; le *Courrier*, le *Journal de Nantes* et le *National de l'Ouest*, de la Loire-Inférieure ; l'*Indépendant* et le *Loing*, du Loiret ; le *Républicain*, de Lot-et-Garonne ; l'*Industriel* et la *Revue*, de la Marne ; le *Républicain*, de Maine-et-Loire ; le *Travailleur* et l'*Impartial*, de la Meurthe ; le *Messager*, l'*Impartial*, le *Courrier*, la *Dunkerquoise* et l'*Ami du Peuple*, du Nord ; le *Progrès* et la *Gazette*, du

Pas-de-Calais; l'*Ami de la Patrie* et le *Peuple*, du Puy-de-Dôme; le *Courrier*, du Bas-Rhin; le *Courrier*, du Haut-Rhin; le *Censeur*, le *Peuple souverain* et la *Tribune*, de Lyon; le *Patriote*, l'*Union républicaine* et le *Rappel*, de Saône-et-Loire; le *Journal*, de Rouen; le *Républicain*, du Havre; le *Journal*, du Havre; le *Journal*, de l'arrondissement du Havre; la *Revue de l'Ouest*, le *Journal*, de la Somme; la *Sentinelle de la Marine*, de Toulon; le *Républicain*, de Vaucluse; l'*Indicateur*, de la Vendée; le *Conciliateur*, de la Haute-Vienne; l'*Union*, de l'Yonne, qui tous s'accordent à combattre la candidature en question.

— Mordieu! maître Charlie, — dit le vieux berger lorsque le métayer eut achevé cette lecture; — quelle kyrielle contre le gars Louis-Napoléon! Allons, il y a, Dieu merci! fièrement de bons républicains en France! Unissons-nous, serrons nos rangs en frères... Bon courage, bon espoir, et *Vive la République!*

FIN.

———————

Cette brochure est extraite d'un petit livre de M. E. Sue, le Berger de Kravan, dont elle forme les chapitres VIII et IX spécialement consacrés aux prétendants et aux candidats à la Présidence. Dans les sept premiers chapitres l'auteur passe en revue la situation du peuple sous l'Empire, les deux Restaurations et Louis-Philippe, et il fait ressortir les avantages du gouvernement républicain.

DOCTRINE DE L'HARMONIE UNIVERSELLE
ET DE L'ORGANISATION DU TRAVAIL.

EXTRAIT DU CATALOGUE
DE LA LIBRAIRIE PHALANSTÉRIENNE,
Quai Voltaire, 25, en face du Pont-National.

Publications de 1 fr. et au-dessous, concernant la Théorie Sociétaire :

L'Organisation du travail, par Briancourt.........	60 c.
Précis du même ouvrage......................	25 c.
Exposition abrégée (Considerant)...............	50 c.
— Le même ouvrage, sans les 9 Thèses............	25 c.
Le Présent et l'Avenir, par Krantz..............	50 c.
Principes du Socialisme, par Considerant.........	50 c.
Petit Cours de Politique, par le même...........	40 c.
Théorie du droit de propriété, par le même......	75 c.
Théorie des fonctions, par Tamisier............	50 c.
L'Anarchie industrielle, par Fourier............	75 c.
Quelques mots sur l'organisation du travail, par B. Dulary............................	10 c.
Les Enfants au Phalanstère, par F. Cantagrel.....	40 c.
Des Boulangeries sociétaires..................	40 c.
Insurrection des agioteurs....................	03 c.
Appel au ralliement des socialistes, p. Considerant.	05 c.
Réformes politiques et réformes sociales........	10 c.
Les Amours au Phalanstère....................	50 c.
Description du Phalanstère, par Considerant.....	1 fr.
Le Berger de Kravan, par Eugène Sue...........	fr.

Paris. — Imprimerie Plon frères.

www.ingramcontent.com/pod-product-compliance
Lightning Source LLC
Chambersburg PA
CBHW070938280326

41934CB00009B/1920